Hildegard Khelfa

Zukunftsdeutung mit den Skatkarten

Kleiner Schnellkurs für ein gemütliches Wochenende

ISBN-13: 9783837067989

Meinen Eltern.

Inhaltsverzeichnis

Vorwort

Zunächst einen etwas provokanten Einstieg. Oft liest man in den Büchern und Magazinen, daß der Einfachheit halber von dem Leser gesprochen wird und damit – natürlich – auch alle weiblichen Leser angesprochen werden.

Da ich denke, daß die Umkehrkonsequenz genauso natürlich ist – und nicht zuletzt, weil sich wohl eher Frauen in der Mehrzahl unter meinen Leserinnen befinden werde ich es hier umgekehrt handhaben und verwende in diesen Skripten die weiblichen Wendungen (natürlich spreche ich auch die männlichen Leser herzlichst damit an).

Für die Deutung mit den Skatkarten wird ein einfaches Skatblatt (32 Karten) benötigt, Joker können aus dem Spiel genommen werden, falls überhaupt vorhanden. Wenn man sich einmal für ein Skatblatt entschieden hat, sollte man es nur noch zum Kartenlegen und nicht zum Spielen nehmen und umgekehrt, keines zum Deuten, mit dem bereits gespielt wurde. Man sollte die Karten mit Respekt behandeln, ihnen einen eigenen Platz geben, ob in Seidensäckchen oder in einer schönen Schatulle, ob in einer eigenen Schublade – das ist individuelle Geschmackssache. Ich bette meine Karten grundsätzlich auf Salz- und Bergkristallen, um negative Schwingungen zu reinigen, aber auch das ist einfach mein individuelles Zutun, mit dem ich mich persönlich gut fühle, das ist natürlich keinesfalls ein Muß! Wichtig ist aber schon, den Karten einen eigenen Platz zu geben, damit sie auch nicht permanent durch fremde Hände gehen. Man kann sicher eine Fragestellerin oder jemand, der sich interessiert, die eigenen Karten mischen lassen. Es funktioniert aber genauso, wenn man die andere Person auffordert, an die Frage zu denken und selber mischt. Ich persönlich bevorzuge letzteres, dann bleiben die Karten in starkem Bezug zu mir.

Kartenlegen sollte als Rat verstanden werden, niemals zur Abhängigkeit und Entscheidungsunfähigkeit führen! Es bringt auch nichts, auf ein Problem ständig zu legen, einmal reicht und dann kann wieder Zeit ins Land gehen, sonst verwirren sich die Aussagen nur. Manipulationen sind Selbstbetrug – und wenn man mal einen ganz schlechten Tag hat, macht es auch wenig Sinn, für andere zu legen.

Es gibt die Ansicht, daß man für sich selbst nicht legen kann. Sicher ist man nicht unvoreingenommen, aber ich persönllich habe durchaus gute Erfahrungen damit gemacht, habe aber irgendwann aufgehört, allgemein in die Zukunft blicken zu wollen, sondern suche mir nur noch hier und da Rat über eine Entwicklung bzw. wie man am besten an eine Problematik herangehen sollte.

Ich kann nur raten von allgemeinen „tut man nicht" Abstand zu nehmen und für sich selbst herauszufinden, was einem richtig erscheint und was nicht. Das ist nicht nur im Leben so, das betrifft auch das Kartenlegen, denn hierbei handelt es sich doch um einen ganz persönlichen Zugang.

Im Laufe der Zeit werden Ihre Karten ein gewisses „Eigenleben" entwickeln und es kommt der Punkt, an dem Sie feststellen, daß Sie mehr aus dem Blatt gelesen haben, als Sie je irgendwo lernten. Das ist der Moment, in dem Ihre eigene Intuition geschulter ist und Sie sich dem Kartenlegen wirklich geöffnet haben. Bis dahin gilt wie überall:
„Übung macht den Meister".

In diesem Sinne viel Spaß!

1. Die Fragestellerin, der Fragesteller

Das Kartenlegen mit dem Skatblatt (32 Blatt) ist eine einfache, doch sehr effektive Methode, um sich dem Kartenlegen anzunähern, erste meist sehr markante Eindrücke zu gewinnen und eine zuverlässige Analyse über den Zustand der Ratsuchenden zu erlangen. Es ist sehr gut für Anfängerinnen geeignet und leicht zu erlernen. In diesem Blatt wird die Fragestellerin durch die **Herz Dame** präsentiert, der Fragesteller durch den **Herz König**. Will die Fragestellerin etwas über einen Partner wissen, wird er oft durch den Herz König dargestellt und umgekehrt.

Aber hier liegt schon die erste Tücke! Karten sind unbestechlich. Wir können hundertmal einen bestimmten Menschen lieben und ihn als Herzenspartner empfinden, die Karten machen da einen Unterschied. Herz König ist nur ein Partner, der wirklich ein guter Lebenspartner werden kann und mit dem man nicht ständig diese Spielchen, Hängepartien, Opferrollen oder Unentschlossenheiten erlebt. Alles andere ist Wunschdenken – oder aber Aufgaben an ein Paar, die es zunächst zu lösen gilt.

2. Mischen und Grundlegung

Zunächst mischen wir die 32 Karten verdeckt und denken dabei an die Fragestellung bzw. fordern die Ratsuchende auf, dies ebenso zu machen. Wir legen dann mit **der linken Hand von links nach rechts drei Päckchen** und wählen eines davon aus bzw. lassen die Ratsuchende auswählen. Jenes kommt obenauf, dann folgt die Mitte und schließlich legen wir das Ganze auf den dritten verbliebenen Packen.

Nun legen wir für eine **allgemeine Betrachtungsweise** zunächst offen vier Reihen von je acht Karten aus, dabei liegt Karte Nr. 9 unter der ersten, Nr. 10 unter der zweiten und so weiter.

Betrachten wir als erstes die **Position der Karte der Fragestellerin**. Liegt sie in der Mitte der vier Reihen, liegt sie oben, unten, am linken oder rechten Rand? Die Position ist sehr wichtig, denn sie sagt schon sehr viel über den Zustand der Fragestellerin oder des Fragestellers aus.

Liegt die **Personenkarte in der untersten Reihe**, bedeutet das, daß die Fragestellerin die Dinge gerade nicht auf eine Weise beeinflussen kann, wie sie das gerne möchte. Umliegende Karten machen deutlich, wie stark die Belastung ist, wie schwerwiegend die Umstände sind, ob die Person gut mit dieser Pattsituation zurechtkommt oder sehr darunter leidet.

Liegt die **Personenkarte in der vorletzten Reihe**, kann man schon noch sagen, daß die Fragestellerin hier nur bedingt Einfluß auf die Situation hat, hier ist aber in einer weiteren Legung klar zu sehen, in wieweit - und ob – man diese Position verbessern könnte bzw. auf welchen Bereich der Einfluß ausgeweitet werden kann.

In der obersten Reihe ist es eindeutig: was auch an Schwierigkeiten war oder ist, jetzt kommt der Fragestellerin ein sehr starker positiver Energieaspekt zu Hilfe. Aktive Handlungen und Entscheidungen führen zu positiven Veränderungen. Hier ist Handeln gefordert, während in unteren Positionen oft Abwarten und Distanz die Lösungen sind. Die oberste Reihe läutet eine besonders günstige Phase ein und fordert auf, das Leben in die Hand zu nehmen und dabei auch mal sprichwörtlich ins kalte Wasser zu springen.

Bleibt die zweithöchste Reihe: auch hier – ganz klar – der Aufwärtstrend, allerdings sollte sich die Fragestellerin mehr Gutes tun, um hier auch die weniger beeinflußbaren Hürden gut zu umschiffen. Die Tendenz ist positiv, kleinere Stolpersteine werden letztendlich doch aus dem Weg geräumt bzw. übersprungen.

Wie sieht es nun mit den **Seitenrandpositionen** aus, denn die werden nun zusätzlich ins Spiel gebracht, denn liegen Herzdame oder Herzkönig rechts außen, blickt sie von all den Personenkarten (es gibt neben der Karten für die Fragesteller natürlich noch allgemeine Personenkarten, dazu später in der Kartenbedeutung) weg.

Randpositionen deuten auf Übergangs- und Schwebezustände hin, zeigen, daß sehr viel im Umbruch ist, in welchem Bereich sich das niederschlägt, ergeben die Karten, die in der Nähe liegen, doch dazu später. Alleine aus der Position der Personenkarte lassen sich eine Fülle an Informantionen weiterleiten.

Liegt die Herzdame also in beschriebener **Position rechts außen**, sieht man, daß sie/ er sich gerade von vielen Menschen distanziert, daß sie – von allen Karten weg – ins unbestimmte Leere blickt, alles ist offen, alles ist möglich, aber hierin ist vor allem die positive Wende gemeint. Nun ist es Zeit, optimistisch zu werden, denn was auch immer im Moment durch ungewissen Nebelschleier verdeckt wird, es wird sich bald lichten.

Liegt die Dame **links außen**, blickt sie zu den Personen hin. Eine Zeit der Zurückgezogenheit geht zu Ende, die Neugierde auf das Leben kehrt zurück – häufig nach sehr schweren Schicksalsschlägen. Vertrauen in andere Menschen wird wieder gefaßt.

Achtung, wichtig: Ist ein Mann Ratsuchender, sind die Bedeutungen der Randpositionen im Übrigen vertauscht, was einfach daran liegt, daß die männliche Skatkarte des Herz-Königs in eine andere Richtung blickt.

Beachten Sie die nun die Karten, die um die Fragestellerin oder den Fragesteller herumliegen, um Schwierigkeiten oder gute Nachrichten zu ermitteln. Diagonal, rechts und links, darüber und darunter - alles ist hier bedeutsam. Beziehen Sie diese Karten mit ein, bevor Sie sich an die Deutung machen. Zuerst schauen Sie nach der Karte, die Sie oder die Fragenstellerin symbolisiert. Die Karte darüber kann deren bewußte Einstellung deutlich machen, die unter ihr etwas, das sie verdrängt. Rechts von ihr liegt das, was sie ängstigt oder sorgt, links das, was zur Seite steht, unterstützende Faktoren.

Nachdem Sie die unmittelbar angrenzenden Karten gedeutet haben, schauen Sie das Gesamtbild an. Welches Gefühl vermittelt es? Was empfinden Sie?

Nun gibt es noch die Möglichkeit, nach einem Abzählsystem vorzugehen. Ich selbst wähle diese Variante nur im persönlichen Austausch, nicht in der Telefonberatung, da ich an dieser Stelle spätestens auf das Lenormand und Tarot zurückgreife, aber es ist eine gute Möglichkeit, um über diese Grundlegung im Skat noch einige Zusätzauskünfte zu erhalten:

Von der Herz Dame oder dem Herz König ausgehend, je nachdem ob der Fragende männlich oder weiblich ist, legt man jede 8. Karte heraus, bis man wieder der die Person symbolisierenden Karte ankommt. Die vier so ermittelten Karten geben noch einmal Aufschluß über die Situation, aus der heraus gefragt wurde. Möglich ist, diese vier Karten nach obigem Prinzip anzuwenden:

1. Karte - das ist die Haltung der Fragestellerin,
2. Karte - das wird von mir verdrängt,
3. Karte - das befürchte ich
4. Karte - das steht mir unterstützend zur Seite.

Beispiel: Frage: wie geht es denn beruflich bei mir weiter?

1. Karte: Kreuz 8
2. Karte: Kreuz König
3. Karte: Kreuz As
4. Karte: Pik 8

Bei diesen Karten wird schon klar, daß bei der Fragestellerin sehr starke Ängste und Sorgen vorherrschen. Sie ist unsicher, zerrissen (Kreuz 8) und fühlt sich mit der gegenwärtigen beruflichen Situation äußerst unzufrieden. Offensichtlich liegt es an einem Vorgesetzen (Kreuz König), hier wird man mit erklärenden Karten noch herausfinden können, warum. Was wird denn hier verdrängt? Offensichtlich eine ungesunde Situation, vermutlich Druck – und das kann sogar soweit gehen, daß hier auf eine problematische Vaterbeziehung angespielt wird, deren Muster nun in der Beziehung zum Vorgesetzten eine Wiederholung erfährt. Darin steht aber auch eine Chance – die zur Heilung alter Wunden und bestehender Verhaltensweisen. Die dritte Karte, das Kreuz As zeigt, daß die Ängste stark in Richtung Versagensängste gehen, bishin zur Angst, den Job zu verlieren. Hier muß natürlich eine Lösung gefunden werden. So eine krasse Legung bedarf eines besonders umsichtigen Ansatzes, denn hier sollte nicht „fertiggemacht" oder eingeschüchtert, sondern immer nur liebevoll unterstützt und an der Hand geführt werden. Auch hier gibt es eine Hoffnung, die unterstützende Karte ist ein Neubeginn. Das kann natürlich bedeuten, daß man sich in der Tat nach einer neuen Tätigkeit umsehen sollte, um dieser Verstrickung zu entgehen. Das birgt aber auch die Chance einer Klärung und ein Versuch wäre das allemal wert.

Sie sehen, alleine aus diesen vier Karten kann man nochmal ganz schön viel herausholen.

3. Die Bedeutung der Farben

3.1. Pik

Pik-As

Etwas kommt ins Haus, Privatsphäre, Wohnung, das eigene Heim. Veränderung. Alles was die direkt danebenliegenden Karten versprechen, erfüllt sich besonders schnell wenn es positiv ist. In Verbindung mit der Pik 8 kann das auch einen Umzug bedeuten.

Pik-König

Mann mit dunklen Haaren, Geliebter, Rivale, Freund, Bruder. Kann auch mit einer gamz bestimmten Person belegt werden, dann bitte die Bedeutung vor dem Mischen festlegen.

Pik-Dame

Frau mit dunklen Haaren, Geliebte, Rivalin, Freundin, Schwester, auch hier gilt, daß man die Karte vor dem Mischen mit einer Person belegen darf (analog auch bei der Karo-Dame bzw. dem Karo-König).

Pik-Bube

Eine gute Nachricht, wichtig für die Zukunft, berufliches Weiterkommen, eine angenommene Bewerbung – häufig in Verbindung mit dem Karo-As, eine neue Wohnung – in Verbindung mit dem Pik-As, eine Beförderung in Verbindung mit der Karo-9, die aber für sich ebenfalls schon eine Beförderung bedeutet. Das wäre einfach nochmal eine Verstärkung der positiven Konstellationen.

Pik-10

Der lange Weg, es wird dauern bis sich erfüllt, was die umliegenden Karten versprechen, Geduldig sein, erfahrungsgemäß länger als drei Monate, macht aber keinen Sinn über das Jahr hinaus zu gehen.

Pik-9

Der kurze Weg, es erfüllt sich schnell was die Karten sagen, erfahrungsgemäß in einem Zeitraum von sofort bis drei Monaten.

Pik-8

Kind oder Neubeginn, Schwangerschaft, die Fragestellerin selbst als Kind, kindliche Empfindungen die die Fragestellerin wahrnehmen sollte, in Kombination mit dem Pik As auch ein Umzug

Pik-7

Ein Vertrag oder eine Reise, ein Geschäft – erst durch die Nachbarkarten wird klarer, ob es sich um einen guten Deal handelt. Tendenziell hat diese Karte für sich genommen einen positiven Aspekt, aber mit Kreuzkarten umgeben wird hier eher vor Abschluß eines Vertrags gewarnt bzw. geraten, sich das Kleingedruckte noch einmal genauer durchzulesen.

3.2. Kreuz

Kreuz-As

Trennung, Tod Verlust (in Verbindung mit Kreuz 10), Signal alte Gewohnheiten zu ändern, das bisherige Leben zu ändern. Ende eines Abschnittes. Nicht körperlicher Tod sondern Abschied, die manchmal erzwungene notwendige Erkenntnis, daß etwas beendet ist oder beendet werden muss und etwas Neues beginnt. Persönlichkeitsbildung.

Kreuz-König

Vater, väterlicher Freund, Idol, Vorbild, Vorgesetzter, Richter/ Anwalt, Gerichtsverhandlung, starke Persönlichkeit, Militär, Schwiegervater, älterer Verwandter. Ein Mensch der der Fragestellerin wohlgesonnen ist bzw. für die Rechte der Ratsuchenden eintritt, außer es liegen viele Kreuzkarten (7 bis Bube) zwischen ihr und dieser Karte.

Kreuz-Dame

Mutter, mütterliche Freundin, Idol, Vorbild, Vorgesetzte, Richterin/ Anwältin, Gerichtsverhandlung, starke Persönlichkeit, Schwiegermutter, ältere Verwandte. Eine Frau, die der Fragestellerin wohlgesonnen ist bzw. für die Rechte der Ratsuchenden eintritt, außer es liegen viele Kreuzkarten (7 bis Bube) zwischen ihr und dieser Karte.

19

Kreuz-Bube

Schlechte Nachricht, Schwierigkeiten, meist unvorhergesehene Ereignisse, Hindernisse, die einem in den Weg gelegt werden. Neben einer Personenkarte und der Karo Neun für berufliches Umfeld kann dies zum Beispiel bedeuten, daß sich ein Kollege, eine Kollegin hier als Mobber betätigt und ganz bewußt für Schwierigkeiten sorgt.

Kreuz-10

Warnung vor Krankheit und Unfall, kann auch jemanden aus der näheren Umgebung betreffen, evtl. Ende einer längeren Beziehung mit dem Kreuz-As zusammen. Oft ist diese Karte ein Hinweis auf ungesunde Beziehungsmuster.

Kreuz-9

Aufpassen, nicht unter die Räder zu kommen, Depression, Trennungsschmerz, große Sorgen und Ängste, Ärger, Einsamkeit, Schwierigkeiten, Hindernisse, Traurigkeit. Eventuell Hinweis, daß psychologischer Rat hilfreich sein kann, besonders in Verbindung mit der Kreuz-10, die in dieser Kombination auf eine schwere seelische Störung hinweisen kann bis hin zum Trauma. Behutsam und sanft interpretieren! Bitte übernehmen Sie nicht die Rolle eines geschulten Therapeuten, aber haben Sie den Mut, sehr einfühlsam zu therapeutischer Hilfe zu raten, wenn Sie merken, daß Sie es wirklich mit einem Menschen zu tun haben, der Hilfe benötigt.

Das wird es immer wieder geben. Kartenlegen heißt Verantwortung übernehmen.

Kreuz-8

Ein großer Streit, Enttäuschung, Melancholie, Traurigkeit, Intrigen, Warnung vor falschen Freunden, ein Vorhaben mißlingt möglicherweise, flexibel reagieren, außerdem die Karte schlechthin für Zerrissenheit, Unentschiedenheit, wenn über der Personenkarte, dann im Moment ein Hinterrungsgrund bei der persönlichen Entfaltung. Kennzeichnet falsche Freunde nur in Verbindung mit Personenkarten und der Fragestellung: z.B. wie steht X zu mir? Ist jemand ehrlich, etc.

Kreuz-7

Kleiner Ärger der nicht von Dauer ist, ein Missverständnis, nicht all zu ernst nehmen aber andererseits natürlich auf die eigenen Bedürfnisse achten und auch, ob sich das Thema wiederholt. Dann wäre darauf achten, daß Kompromisse und Lösungen gefunden werden, bevor es sich zu einem Problem aufbauscht.

3.3 Karo

Karo-As

Ganz großes Glück, Glückkind, beruflicher Erfolg, alles ist möglich, der Zufall steht auf der Seite der Ratsuchenden. Eine günstige Phase, neue Ideen und Projekte zu beginnen. Kann auch für Heilung nach einer längeren Krankheit stehen, aber Achtung: Sie ersetzen niemals den Rat eines Arztes. Stellen Sie keine Diagnosen! Dennoch darf man sich über diese Karte freuen. Sie bringt einen positiven Wendepunkt.

Karo-König

Mann mit hellen Haaren, Freund Flirt, Bekanntschaft, Rivale, Bruder

Karo-Dame

Frau mit hellen Haaren, Freundin, Flirt, Bekanntschaft, Rivalin (auch im Beruf), Schwester

Karo-Bube

Der Geldbote, Prozessgewinn in Verbindung mit dem Kreuz-König, Geldgewinn in Verbindung mit der Karo-10, Scheck...

Karo-10

Großes Geld, großer Reichtum, großer Gewinn, Erbschaft, für eine Weile lacht finanziell das Glück (in Kombination mit Kreuz As großer Geldverlust. Als Kennzeichnung für eine Beziehung stehend für gegenseitige persönliche Bereicherung – vom materiellen dann unabhängig zu werten.

Karo-9

Ein beruflicher Erfolg, Karriere, Erfolg, Anerkennung, auf gute Angebote achten, Lohn für Bemühungen.

Karo-8

Eine schwierige Angelegenheit geht gut aus, jemand setzt sich für die Person ein. Oder: Der Erfolg. Die Dinge mit denen man sich gerade befasst gehen gut aus, auch wenn es momentan nicht danach aussieht. Es kommt Hilfe von unerwarteter Seite. Ein kleinerer Geldbetrag, der ganz überraschend ins Spiel kommt.

Karo-7

Ein Geschenk oder eine positive Überraschung, das kleine Glück, das froh stimmt. Eine Begegnung, unerwartete Herzlichkeit. Sie werden mit einem Lächeln belohnt.

3.4 Herz

Herz-As

Ganz große Liebe, eine sehr lebensbejahende Tendenz, in der alte Wunden heilen können. In Verbindung mit der Karo-10 steht diese Karte auch für Wohlstand und günstige Geldanlagen.

Herz-König

Fragesteller; ansonsten: Geeigneter Partner mit Lebenspartnerqualiäten. Liegt er nahe bei der Herz-Dame? Welche Schwierigkeiten liegen zwischen den beiden? Auf die Blickrichtung achten!

Herz-Dame

Fragestellerin, ansonsten geeignete Partnerin mit Lebenspartnerqualitäten. Glück in der Liebe steht an wenn Herz-König, Herz-As, oder Herz-10 in der Nähe liegen. Die Chancen stehen gut. Abstand zum Herz-König beachten!

Herz-Bube

Liebessignal, gute Nachricht, guter Freund, Rendezvous bzw. erste Dates. Eine schöne Karte, die den Alltag mit einem schönen Lächeln und Herzklopfen bereichert.

Herz-10

Große Feier oder Hochzeit, Glück und Zufriedenheit. Verbindung liegt unter einem guten Stern. Zusammenleben, lange Verbindung.

Herz-9

Gute und lange Beziehung, viel Leidenschaft, viele Gemeinsamkeiten, Treue. Dankbar sein für dieses Geschenk .Eine Änderung zum Guten steht bevor und das langfristig.

Herz-8

Herzlichkeit und Zuneigung aber die große Liebe ist es noch nicht, Verliebtheit. Sehr nette Begegnung, Flirt. In Verbindung mit der Kreuz-10 aber auch für Untreue und Fremdgehen. Nette Menschen in der Umgebung der Fragestellerin, wenn das Pik-As hinzukommt, Freundschaft, gemeinsame Interessen.

Herz-7

Ein Lächeln, ein liebes Wort, Trost, Zusammenhalt, Zuneigung. In Verbindung mit Karo-Neun: Zufriedenheit und gute Verbindung in beruflicher Hinsicht. Wertschätzung.

4. Kartenkombinationen und Bedeutung

Pik As – Pik König

Ein dunkelhaariger Mann "kommt ins Haus", das kann ein Besuch sein, das kann aber auch bedeuten – hier werden umliegende Karten mehr verraten – daß man sich öffnet und einem Mann mit dunkleren Haaren erlaubt, in den eigenen, privaten Bereich zu kommen, Gefühle zuzulassen.

Pik As – Pik König – Pik Neun

Das geschieht schon sehr bald, einzugrenzen auf einem Zeitraum, keinesfalls länger als drei Monate, tendenziell eher sogar früher. Ab sofort möglich, je näher die Zeitkarte liegt, desto kürzer. Steht sie unmittelbar über dem Ereignis, steht es auch unmittelbar bevor. Steht sie darunter, handelt es sich eher um die jüngste Vergangenheit.

Pik As – Karo Dame

Oder sonstige Personenkarte: siehe Interpretation zum Pik König, nur eben mit den Werten der jeweiligen Personenkarte.

Pik As – Kreuz 10

Eine Krankheit zeigt sich an, etwas ungesundes – je nach umliegender Stärke der Kreuzkarten negativer. Immer auch Warnung vor Unfällen, aber Warnung heißt auch, man kann aufpassen und bei belastenden Umständen versuchen, sich selbst mehr Gutes zu tun! Bei Fragen zu Immobilien immer eine Warnung, daß etwas nicht in Ordnung ist, hohe Kosten zu erwarten wären, ungesunde Bausubstanzen, vor Kaufplänen bei dieser Kombination für das entsprechende Objekt abraten bzw. alles neu prüfen.

Herz Dame – Herz Bube – Herz König

Hier haben sich zwei gefunden, die wunderbar zueinander passen – auch langfristig. Das baldige Treffen wird sehr harmonisch und romantisch verlaufen. Nicht nur „der Anfang einer wunderbaren Freundschaft", sondern echte Chancen auf eine lange Beziehung, vor allem, wenn Herz As, Herz 9 und 10 noch in der Nähe sind.

Herz König – Karo Neun – Kreuz 9

Für den Fragesteller bzw. Partner stehen große Schwierigkeiten im Beruf an. Die sind offensichtlich so stark, daß seine Existenz dort bedroht ist. Er wendet sich ab und fühlt sich der Situation offensichtlich nicht gewachsen. Hier sind Positionen der Personenkarte besonders wichtig (oben oder unten im Blatt), außerdem: woher kommt Ärger – kann Hinweise geben.

Herz Dame – Pik König – Herz 9

Hier sieht man, daß ein eher dunklerer Typ von der Fragestellerin sehr angetan ist. Sie ist interessiert, zwischen den Beiden scheint auch nichts zu liegen, was auf eine sehr starke Gemeinsamkeit hindeuten kann (umliegende Karten wichtig), er scheint eher die stürmische Variante zu sein, da liegen schon Gefühle, aber außerdem sieht man, daß er vom Wesen her ihr treu wäre.

Herz König – Herz Dame

Zwei Menschen, die sich im Prinzip sehr nahe stehen blicken in unterschiedliche Richtungen. Eine gewisse Entfremdung, unterschiedliche Ziele und Wünsche, eine beginnende Krise? Wie ernst das Problem ist, zeigen umliegende Karten. Liegen dort vor allem Herzkarten, ist es einfach eine Phase, die dann sogar wichtig ist (Persönliche Entfaltung). Kreuz 9 würde auf ernste Schwierigkeiten hindeuten, oder liegen gar andere Personen, Rivalen im Spiel?

Herz Dame – Herz König

Eine ganz besondere Verbindung, die sich über Hürden des Lebens hinwegsetzen wird. Trotzdem bleiben umliegende Karten wichtig, deuten aber dann mehr auf den jeweiligen Hintergrund im bisherigen Leben. Die zwei liegen fest verbunden und können Krisen überwinden. Liegen trotzdem viele Kreuzkarten darum, lohnt hier in jedem Fall eine Paarberatung. Die Chancen für Glück, das zurückkommt sind sehr, sehr hoch!

Herz Dame – Kreuz Dame – Herz König

Ob nun Herzenspartner oder mit einem anderen Mann, hier ist eine Beziehung offensichtlich gestört, weil sich eine Verwandte einmischt – Das Schwiegermuttersyndrom. Extrem häufig in Kartenbildern zu sehen, aber nicht immer so deutlich zwischen den Beiden. Hier muß sich schnell etwas verändern, sonst blicken die zwei bald in verschiedene Richtungen.

Karo König – Kreuz As – Kreuz König – Herz Dame

Achtung, bei Kreuz As niemals zuerst an Tod denken! Hier in diesem Fall geht es um eine Scheidung, die Fragestellerin wird die Konsequenz ziehen und da liegt auch schon der Anwalt bei ihr. Ihr Partner hat noch Interesse an ihr, aber das Zerwürfnis scheint doch zu tief.

Kreuz As – Herz Dame

Achtung, niemals an Tod denken! Vor allem, wenn man für sich selbst legt, würden die Karten einem nie den eigenen Tod voraussagen, bestenfalls vor einer gefährlichen Situation warnen.
Hier in diesem Fall geht es um das Ende eines Lebensabschnitts, die Fragestellerin löst sich, sie blickt von dem bisherigen weg. Da ist alles Positive möglich!!!
Kombinationen wie diese erfordern einen besonders sensiblen Umgang mit den Ratsuchenden – aber auch mit sich selbst!!!

Kreuz As

Und weil man es gar nicht oft genug betonen kann: oft steht diese Karte dafür, daß man etwas loslassen muß, daß die Dinge um einen herum wirklich kaputt gehen müssen, damit man überhaupt den Mut hat, einen neuen Weg einzuschlagen. Diese Karte sieht erschreckend aus, aber birgt oft eine neue Chance, die Chance, den Weg zu sich selbst zu finden.

Pik Acht – Pik As

Umzug, ein Neubeginn in einem anderen Umfeld. Würde eine Schwangere mich jetzt aber Fragen, wie die Geburt verlaufen würde, wäre das eine Kombination für eine Hausgeburt. Sie sehen, man sollte immer auch ein wenig variabel bleiben. Es gibt immer mal besondere Fragestellungen, die ein kreatives Legen und Deuten erfordern.

Kreuz 9 – Kreuz 10

Diese Kombination weist auf Depressionen und extreme seelische Störungen und Irritationen hin, auch Suchtverhalten, Trauma. Hier muß ganz besonders behutsam interpretiert und versucht werden, der Ratsuchenden Interessengruppen vorzuschlagen, Gesprächstherapie. Aber unbedingt positiv formulieren! Kartenlegen ist immer eine große Verantwortung, hier stößt man aufn Grenzen, bei denen man auch passen darf, wenn man merkt, stopp, das geht mir zu weit.

Karo 10 – Herz As

Hier weist alles auf Wohlstand hin, materiell – aber auch darauf, daß eine große Liebe ins Spiel kommt mit vielen bereichernden Aspekten. Vor allem sind hier natürlich Interpretationsentscheidend, welche Partnerkarten in der Nähe sind. Gibt es nur die Person der Fragestellerin, bezeugt das Wohlstand aber den Ausblick, in der Liebe wirklich einen Austausch zu finden, eine tiefe Basis

Karo 10 – Kreuz As

Große Geldausgaben, je nach umliegenden Karten sieht man, ob das ein Problem darstellt, ungeplant ist oder Existenzbedrohend – zum Beispiel, wenn noch die Berufskarte Karo neun hinzukäme. Es kann aber genausogut etwas geplantes sein, zum Beispiel der Kauf einer Immobilie.

Pik Bube – Karo 9

Eine Erfolgskombination – nicht nur, daß eine Bewerbung angenommen wurde, sie wird auch beruflichen Erfolg bringen. Falls der Fragesteller vor einem Gespräch in Sachen Beförderung stand, bedeutet dies die erwünschte gute Nachricht dazu, verbunden mit der entsprechenden Verbesserung. Auf Selbständige bezogen: neue, gewinnbringende Kontakte und Erfolg!

Kreuz As – Karo As

Man muß loslassen, um eine überlebte Situation beenden und das wirkliche Glück finden zu können. Scheinbares Chaos (Position der Fragestellerin wichtig, unten im Blatt? Am Rand?), aus dem neues und sehr positives entsteht. Distanz als Schlüssel für eine positive Entwicklung. Aus dem Abschied, dem Ende der alten Lebensphase entsteht Gutes.

Achtung: Positive Karten wiegen immer stärker als negative Karten. Liegt eine positive Karte neben einer negativen, wird der negative Aussagewert gemildert. Außerdem ist es ein wichtiger Hinweis, daß auch bei Problemen Türchen aufgehen werden. Sicher gibt es schwere Lebenskrisen, aber jede positive Karte ist hier ein Hoffnungsaspekt!

5. Positive und negative Kartenwerte

Hinter diesem Kapitel verbirgt sich ein kleines, einfaches aber effektives Geheimnis, das ich mir im Laufe der über zwanzig Jahre Erfahrung mit dem Skat erschlossen habe und das in keinem Skatbuch zu finden ist.

Ich arbeite besoners gerne mit dem Tarot, den Lenormand- und den Skatkarten und mag jedes einzelne System, weil jedes seine eigenen Vorteile und Einzigartigkeiten besitzt. Auch beim Skat benötigt man Intuition. Am Anfang arbeitet man noch mit dem Gelernten aber auch hier kommt irgendwann der Moment, an dem man fühlt, daß „die Dinge" ihr Eigenleben erhalten. Darum sollen meine Lektionen auch als Anregungen und Basismaterial verstanden werden, niemals als sklavisch einzuhaltende Regeln. Natürlich benötigt man klare Regeln zu Beginn, aber dann gilt es, der Intuition Raum für eigene Kreativität zu geben. Sie werden im Laufe der Zeit feststellen, daß Sie mehr sehen, daß Ihre Intuition Ihnen plötzlich Dinge eingibt, die sich völlig verselbständigen. Lassen Sie das zu. Damit haben Sie die Karten als Ihr Medium entdeckt. Es ist ein Weg, der dauert, aber er wird kommen.

Nun aber zu dem angedeuten Geheimnis, einer Möglichkeit, auch aus den Skatkarten weitere Aspekte herauszuholen. Es gibt Fragen, die eine klare Antwort benötigen, z.B. *Wann meldet sich eine Person wieder?* Bitte nicht mit Stunden arbeiten, sondern erstmal die Wochen ansehen – und bei großen Problemen lieber die Monatstendenzen.

Nun haben wir die zwei Zeitkarten Pik 9 und Pik 10. Damit kommen wir hier nicht wirklich weiter.

Die Karten haben zunächst ihre Bedeutungen, ich habe aber festgestellt, daß man jeder Karte darüber hinaus folgende Wertigkeit zuordnen kann, diese kann man wiefolgt nutzen :

Neutrale Karten	Situation ist unentschieden, hat in etwa gleichwertig Vor- und Nachteile	Pik Dame, Pik König, Karo Dame, Karo König, Pik 7, Pik 9 und 10
Positive Karten	Situation ist positiv, hat überwiegend Vorteile, ein „Ja"	Herz Dame und Herz König, alle Herz-Karten, Alle Karo-Karten (außer Dame und König), Pik 8, Pik Bube, Pik As.
Negative Karten	Situation ist negativ, hat überwiegend Nachteile, ein „Nein"	Alle Kreuz-Karten

Bleiben wir also bei obiger Beispielfrage: *Wann meldet sich eine Person wieder?*

Hier würde ich zunächst für mich abfragen, „Meldet sich die Person überhaupt wieder?" und erst dann an das „Wann" denken. Da es nicht eben einfühlsam ist, der Fragestellerin, die bei dieser Frage meist eh schon Kummer genug hat, die erste Fragevariante zu erklären, empfehle ich wiefolgt vorzugehen:

Bevor ich mische, verteile ich die Rollen der Antwortkarten. Also, nach dem Mischen und der Kartenauswahl, vergebe ich der ersten aufgedeckten Karte den Wert für meine Frage (Meldet sich die Person überhaupt wieder?), danach gebe ich jedem Monat eine weitere Karte – ohne neu mischen zu müssen, so daß ich sehe, in welchem Zeitraum ich überhaupt nachsehen brauche. Kommt schon das „ja" zum ersten Monat, kann ich nochmal mischen und dann gleich auf die einzelnen Wochen gehen. Es würde wenig Sinn machen, direkt mit den Wochen zu beginnen, denn möglicherweise haben wir hier eine Distanz von mehreren Monaten zu überbrücken, da es aber nur 32 Karten sind, wäre diese Methode nicht eben verläßlich. Sobald eine positive Karte folgt, weiß ich, in welchem Monat – und dann – wenn ich präziser werden möchte, auch in welcher Woche sich die ersehnte Person melden wird.

Kommt hier schon bei der ersten Karte eine negative Anwort, wird es Zeit, die Fragestellerin behutsam an diese Tatsache heranzuführen und auf die Punkte zu bringen, die sie in der Beziehungskonstellation belastend fand, auf die Möglichkeiten und Chancen, die in der Distanz liegen. Oft kann man Menschen dazu bringen, selbst die Dinge auszusprechen, die die innere Stimme ihnen bereits gesagt hat. Ich rate immer davon ab, hier Illusionen zu machen oder zu beschönigen, aber wichtig ist ein behutsamer Umgang!

Nun aber zu der positiven Variante. Der ersten aufgedeckten Karte habe ich den Wert für meine Frage gegeben, also wird jetzt irgendein „ja" kommen. Nun lege ich weiter, erste Karte beispielsweise ein Kreuz – also negativ. Im ersten Monat (die Zählung beginnt vom heutigen Legetag!) findet leider kein Kontakt mehr statt, der zweite Monat bringt z.B. einen positiven Wert:

Z. B.
1. Karte = Herz 7
2. Karte = Kreuz 8
3. Karte = Karo Bube

Nun mischen wir noch einmal flüchtig, man kann die Fragestellerin „Stopp" sagen lassen, aber auch der eigenen Intuition folgen, es entsteht ja alleine durch den kommunikativen Akt eine Verbindung, die ausreicht, hier Klarheiten zu erhalten. Ich hebe grundsätzlich auch hier drei

Päckchen ab, wähle eines aus bzw. lasse eines auswählen. Nun vergebe ich die Wochenpositionen zu obiger Frage, also wann im zweiten Monat mit einer Nachricht zu rechnen ist.

Z. B.
1. Karte = Pik 7
2. Karte = Kreuz Bube
3. Karte = Karo 7

Die erste Karte (die Pik 7) hat einen neutralen Wert, es ist nicht die erste Woche des zweiten Monats. Auch nicht die zweite, denn mit dem Kreuz Buben haben wir eine negative Wertigkeit. Dann also endlich in der dritten Woche – eine positive Karte.

Beispielbilder haben immer einen Vorteil: sie sind stimmig. Was wäre denn nun, wäre auf die vier Wochen des Monats (bzw. eine angefangene fünfte ist ja in der Regel dabei) nun nur negative und neutrale Karten gekommen wären? Wäre das nicht ein Widerspruch zu dem Beginn dieser Analyse?
In den vielen Jahren Erfahrung habe ich festgestellt: nein. Es bleibt bei dem zweiten Monat, aber offensichtlich wird es hier keine positive Entwicklung geben, eine Nachricht ja, aber zu viele Einflüsse machen das Ganze noch unsicher. Es kann zum Beispiel sein, daß die Nachricht indirekt erfolgt – über jemand drittes oder man eine Nachricht findet, die hinterlegt und irgendwie übersehen wurde. Im Leben gibt es oft

merkwürdigste Konstellationen, daher: nur Mut – auch zu ungewöhnlichen Interpretationen.

Und wo wir gerade beim Thema Leben sind – kein Leben paßt in 32 Karten! Eine Kartenprognose macht generell für die kommenden Wochen und Monate Sinn. Zum Glück gibt es ja auch noch Tendenzen, die man beeinflussen kann, nicht immer und nicht immer grundlegend, aber wir alle sind noch immer Menschen mit einem freien Willen und der Verantwortung für sich selbst.

6. Legetechniken

In diesem Kapitel stelle ich einige einfache Grundlegungen vor, mit denen auch Anfänger schon sehr nette Erfolge zielen können. Ich weiche jetzt einmal ganz bewußt von den klassischen Systemen ab wie „keltisches Kreuz", etc. weil man darüber schon in allen denkbaren Büchern nachlesen kann. Ich stelle hier eigens in meiner Beratungslaufbahn von mir entwickelte Methoden vor, mit denen ich besonders gerne arbeite.

Hier habe ich eine einfache, doch übersichtliche schnelle Legemethode (spontan entwickelt aus typischen Fragen wie: *„Hat unsere Beziehung überhaupt noch eine Chance?")*

6.1. Die Pyramide der Azteken

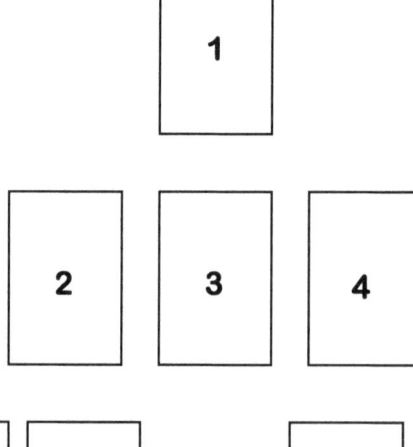

1 = Ausblick, Entwicklung, Tendenz

2, 3 und 4 = derzeitige Gegentendenzen, das liegt im Argen bzw. stellt ein Problem dar

5, 6 und 7 = Rat der Karten

8, 9 und 10 = ist zu erwarten, wenn der Rat der Karten befolgt wird.

Wichtig ist, daß hier die Karten wieder einzeln interpretiert werden, nicht als Kombination! Dies ist ein Kartenbild für eine schnelle Übersicht.

Z. B.: *Hat unsere Beziehung überhaupt noch eine Chance?*

1 = Kreuz 9

2, 3 und 4 = Kreuz Dame – Karo 9 – Herz 9

5, 6 und 7 = Pik 7 – Kreuz As – Kreuz König

8, 9 und 10 = Kreuz 8 – Karo 9 – Pik 8

Das wird hier sehr klar verneint, nicht nur ist die Wertigkeit der Kreuz 9 ein klares Nein, ich sehe aber auch in dieser Karte, wie stark das Zerwürfnis und der Graben für das Paar sind. Hier sieht man die Karte der Mutter oder Schwiegermutter als permanentes Streitthema, außerdem kann man es erweitern als einengenden Aspekt, einer der Partner fühlt sich eingeengt – und da sehen wir schon warum. Beruflicher Ehrgeiz, die Erfolgskarte, die sonst so schön ist, liegt hier als eine der Ursache für die Krise. Also kann sich einer der Partner nicht entfalten, wie er möchte und auf der anderen Seite steht die Vernachlässigung, weil die Arbeit immer vorgeht. Dann kommen wir zu einem weiteren Problem: Die Treue als Krisengrund, das kann nur bedeuten, daß es hier einer der beiden mit der Treue nicht so ganz ernstgenommen hat – man könnte immer zusätzlich bestätigend legen, betrifft das die Fragestellerin oder den Partner. Aber hören Sie doch einfach auf ihre Intuition. Welche Bilder ergeben sich? Noch gar keine? Das ist auch völlig normal und in Ordnung! Aber eines Tages werden Sie ein Bild wie dieses ansehen und die Hintergründe erfühlen. Jeder Mensch besitzt Intuition, sie muß einfach wieder geschult werden.

So, was raten denn nun die Karten zu dieser verfahrenen Situation:
Die Fragestellerin sollte erstmal eine Reise machen, raus aus der Situation, um Abstand zu gewinnen – und die Karte des Anwalts deutet daraufhin, daß Rechtsbeistand vonnöten sein wird bzw. ratsam, um nicht über den Tisch gezogen zu werden.
Wie geht es weiter? Eine Zeit der Zerrissenheit wird folgen, aber durch eine berufliche Wende tritt doch ein Verbesserung des Gesamtzustandes ein. Wir sehen am Ende dieser Konstellation einen Neuanfang – aber nicht mit jenem Mann, sondern einen Neubeginn ins eigene Leben. Immer eine schöne Chance!

6.2. Der Flug des Drachen

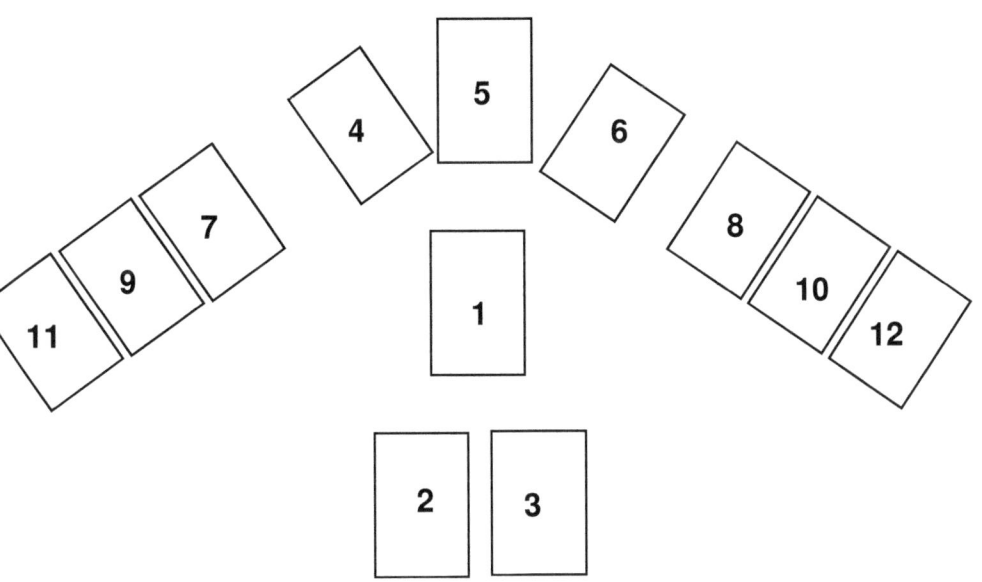

1 = gegenwärtiger Zustand

2, 3 = Stützen, Vorteile, Hilfsaspekte

4, 5, 6 = Weitere Entwicklung

7, 9 und 11 = Einflüsse von außen

8, 10 und 12 = Eigenarbeit, um ein Problem zu lösen bzw. die Situation zu verbessern.

Den Flug des Drachen verwende ich häufig um zu sehen, wie eine Situation einzuschätzen ist, ob es Veränderungs- bzw. Einflußmöglichkeiten gibt, um die Sache in eine andere

Richtung zu lenken. Hier kann man aber auch sehen, ob sich jemand zu sehr verrennt und ob die Karten direkt raten (Entwicklung), von einer Vorstellung Abstand zu nehmen.

Frage: *"Ich habe Probleme in meiner Partnerschaft und weiß nicht, was ich machen soll".*

Für diese Fragestellungen sind Tarot und Lenormand immer besonders gut geeignet, aber auch das Skat bietet hier gute Ansätze. Betrachten wir die folgende Legung:

1 = gegenwärtiger Zustand = Kreuz 9
2, 3 = Stützen, Vorteile, Hilfsaspekte = Pik As, Karo 9
4, 5, 6 = Weitere Entwicklung = Herz Bube, Kreuz 7, Karo Bube
7, 9 und 11 = Einflüsse von außen = Kreuz 10; Pik Dame, Pik 10
8, 10 und 12 = Eigenarbeit, um ein Problem zu lösen bzw. die Situation zu verbessern = Kreuz As, Herz 10, Pik 8

Man sieht, die gegenwärtige Situation ist durchaus ernst und führt zu großen seelischen Spannungen. Beide Partner müssen offensichtlich aufpassen, daß sie den Boden nicht unter den Füßen verlieren, aber nicht im Sinne von "abheben", hier klafft ein persönlicher Abgrund, ein Graben, vermutlich nur noch nicht eskaliert, weil es unter allem noch ein gemeinsames Fundament gibt, die Hauskarte, die hier gleichzeitig für eine gewisse Nestwärme steht, aber auch zeigt, daß man auf etwas aufbauen kann. Dann die Berufskarte, eine Chance, ein Halt, denn hier haben wir eine der Säulen, auf die sich die Beteiligten Stützen können, wobei das Positive eine Verbesserung der Situation im beruflichen Bereich naheliegt. Hier wäre es noch lohnend, die beiden Aspekte herauszuarbeiten. Könnte darin schon eine wichtige Aufteilung liegen - Entlastung, indem man eventuell eine Tätigkeit sucht, die von zu Hause ausgeübt werden kann? Geht es hier in dieser Beziehung um fehlende Nähe, um Überlastung eines Partners? Das sollte uns immer neugierig machen. Einfach mal so als Hinterkopffragen, auf die man noch legen könnte.

Doch zunächst weiter: Die weitere Entwicklung gibt Anlaß zur Hoffnung, denn der Herz Bube zeigt Gespräche an, die nicht nur eskalieren und gegenpolig verlaufen, trotz einiger Mißverständnisse (Kreuz 7), die sicher nicht von heute auf morgen aus dem Weg geräumt werden. Hier wird es wichtig sein, behutsam miteinander und an sich selbst zu arbeiten, die Beziehung muß langsam wieder aufgebaut werden, der Graben ist groß, aber man kann Brücken bauen, sogar mehrspurig, man kann nämlich auch nebeneinander über Brücken gehen. Der Karo Bube zeigt noch eine finanzielle Entlastung an, so wird das eingangs erwähnte berufliche Fundament mit der angedeuteten Verbindung auch finanziell eine Verbesserung bringen. Nicht viel, aber offensichtlich ist das Finanzielle eines der Gründe für eine Belastung, hier bringt jedes bißchen ein Lächeln zurück.

Aber was ist nun mit Einflüssen von außen. Sind die eher positiv, unterstützend, eher negativ? Wir haben hier Pik 10, Pik Dame und Kreuz 10, ganz klar eine ungesunde Situation für die Beziehung, eine Belastung, die schon sehr lange besteht - und die geht offensichtlich von einer Frau mit eher dunklen Haaren aus. Darauf müssen wir noch legen. Für eine Rivalin liegen mir hier zu wenig bzw. gar keine Gefühlskarten, also muß es einer jener "Einmischer" sein, die in einer Beziehung immer wieder für Ärger sorgen. Wie gesagt, hier bringt eine Extralegung Klärung: Verwandte, Freundin? Geht es hier um Machtspiele?

Denn eines ist klar, die Dame verhält sich äußerst besitzergreifend, jemand der nicht loslassen kann, aber nicht die eigene Mutter. Eine Expartnerin oder eine Schwester, die meint, sie müsse sich permanent in das Leben des Paares einmischen? Eine penetrante Nachbarin? Ich gehe aber eher davon aus, daß einer der Partner hier doch eine engere Verbindung hat, eine Verpflichtung, weil sonst die Abgrenzung längst stattgefunden hätte.

Was sollte also getan werden? Die Fragestellerin sollte sich erst einmal - am besten auch räumlich distanzieren (Kreuz As), denn die gegenwärtigen Umstände sind verfahren. Jeder benötigt zunächst Entlastung, Pause, Ruhe, damit die Gespräche wieder mit- und nicht gegeneinander geführt werden können (einen Ausblick auf diese Gespräche hatten wir ja klar in den Karten). Die beiden stehen durchaus an einem Wendepunkt - Scheidung? Oder noch einmal ein

Neubeginn? Der geht ganz klar nur, wenn hier der Abstand zu dieser extremen Belastung von außen gezogen wird. Da die Karten an Position 4, 5 und 6 tendenziell in der Überzahl positiv wertig sind, kann man der Beziehung noch eine Chance geben. Aber das ist ein klares Bild für Ehe- und Paarberatung.

6.3. Die Tageslegung

Jetzt kommen wir zu den spielerischen Aspekten einer Legung, hier geht es nicht um große Kombinationen und Deutungen, eher mal darum, für sich selbst auf eine Aufgabe, ein Motto des Tages oder auch der Woche zu achten.

Die Fragestellung sollte simpel sein: *An was soll ich heute arbeiten? Oder auch, was gilt es zu überwinden? Gibt es ein besonderes Thema, über das ich meditieren könnte?*

Hier geht es weniger um Zukunftsinterpretationen, sondern mit diesen kleinen Tagesaspekten, haben wir die Möglichkeit, dem eigenen Unterbewußtsein Raum zu geben. Jede gezogene Karte bietet uns ein Thema, ein Bild, Denkanstöße. Wir lernen hier zwar zunächst die Bedeutung, aber bei dieser Tageslegung heben wir uns über die gelernte Bedeutung hinweg und lassen in die Karte hineinfließen, was wir für uns damit verbinden. Die Empfindungen dabei sind urpersönlich und könnten sich gut dafür eignen, in einem Tagebuch festgehalten zu werden.

Wir denken dabei unsere Frage, wobei ich wirklich nur bei den obigen Fragen bleiben würde, diese sollten so neutral sein, damit wir uns alle Möglichkeiten der intuitiven Deutung offen halten. Nehmen wir: "Gibt es ein besonderes Thema, über das ich meditieren könnte?" und dann mischen wir die Karten. Wir bilden wieder drei Päckchen mit der linken Hand von links nach rechts. Ich wähle hier die Mitte aus, lege die Mitte auf das linke Päckchen und den gemeinsamen Stoß nun auf das rechte. Die oberste Karte ist meine Tageskarte.

Oder ich mische und fächere die Karten verdeckt auf, pendle dann die Karte aus - was aber ewig dauern könnte, da macht es schon Sinn, vorher das Päckchen zu wählen, das einen besonders anspricht und daraus eine Karte zu ziehen. Intuitiv arbeiten, die Methode wählen, die Ihnen für sich selbst am besten gefällt! Das Telefon sollte aus- oder leisegestellt sein, zumindest sollten wir wirklich auf Ruhe achten. Es geht darum, sich auf Bilder einzulassen.

Ich habe folgende Karte gezogen: Karo 7

Eine schöne Karte, wie ich finde, das Geschenk als solches steht ja für die Karo 7. Da fällt mir natürlich sehr viel dazu ein: daß ich dankbar bin, wieviele Geschenke ich im Leben erhalten habe, das Geschenk, schwierige Zeiten zu überstehen, das Geschenk, nicht mehr so ganz starke Schmerzen zu haben, das Geschenk einer tiefen Liebe und Seelenverbindung, das Geschenk meines kleinen Sonnenscheins, das Geschenk meiner Stärke und des Optimismus, die mich durch jede Wendung des Schicksals tragen und immer wieder auf die Füße kommen lassen, das Geschenk meiner Gaben und Talente, das Geschenk, dieses Jahr viele existentielle Schwierigkeiten in letzter Sekunde überwunden zu haben, das Geschenk großartiger Abenteuer in fernen Ländern, als Frau alleine, das Geschenk, die kleinen

Wunder des Alltags nicht zu übersehen, das Geschenk aus mir selbst heraus glücklich sein zu können, das Geschenk lieber Menschen, die mir etwas bedeuten, das Geschenk von immer mal wieder weiteren Begegnungen und Momenten der Nähe, …

Hier könnte ich persönlich Seiten weiterschreiben. Aber das ist natürlich auch sehr persönlich und jeder von uns mag zu dieser Karte andere Eingebungen haben. Folgen Sie Ihren eigenen Eingebungen, in diesem Fall gibt es kein richtig und kein falsch. Ich kann Ihnen diese intuitive Methode nur empfehlen. Es ist schön, sich einfach den Bildern zu überlassen, das kann natürlich auch ganz schön heftig werden. Menschen mit - wenn auch nur phasenweisen - Depressionen und schweren psychischen Belastungen empfehle ich aber, derartige Meditationen nur unter Anleitung bzw. nicht alleine zu machen. Es mag eine gute Idee für eine Sitzung mit einer Therapeutin oder einem Therapeuten sein.

Ich hoffe, Sie haben hier für sich einige Anregungen entnehmen können!

6.4. Vergangenheit, Gegenwart, Zukunft

Diese Legetechnik eignet sich sehr gut für einen Überblick, über die Gesamtsituation eines Menschen, aber auch - mit einigen Variationen - für Problemeinschätzungen und Lösungsvorschläge. Darauf gehe ich im Anschluß natürlich noch genauer ein.

Zunächst mischt man wie gewohnt den ganzen Stapel mit 32 Karten und läßt wieder ein Päckchen der drei gelegten Stöße auswählen, legt es auf das mittlere oder linke davon und arbeitet sich von links nach rechts voran, bis wieder alle 32 Karten auf einem Stapel liegen. Nun legt man drei Reihen mit je sieben Karten aus, die unterste Reihe steht für Vergangenheit, dann kommt die Gegenwart und schließlich mit der obersten Reihe die Zukunft:

Aus der Fülle der Karten pro Zeitaspekt ergeben sich natürlich eine ganze Menge Auskünfte, man kann diese Legung aber auch für eine einzige Frage wählen, um mehr Einblick in den Verlauf einer Situation zu bekommen.

Interessant wird es, taucht in dieser Legung die Personenkarte des oder der Fragenden auf, denn auch dadurch erhalten wir auf den ersten Blick wichtige Anhaltspunkte, ohne uns schon um die Details der Kartenaussagen kümmern zu brauchen.

Liegt z.B. die Fragestellerin in der Vergangenheit, steht das ganz klar dafür, daß sie ein Problem, eine Sehnsucht, ein Wunschdenken nicht loslassen kann, daß ungelöste Konflikte eine Rolle auch für die gegenwärtige Frage spielen. Eine Situation wird sich nicht positiv lösen lassen, wenn hier nicht auf den Punkt gebracht wird, was aufzuarbeiten bzw. loszulassen ist. Es kann auch auf jemanden hindeuten, der z.B. trauert, der Angst vor der Gegenwart hat, etc. Die umliegenden Karten der Gegenwart (!) bieten dazu einige konkrete Anhaltspunkte. Ist die finanzielle Situation erdrückend? Oder geht eine Beziehung in die Brüche? Erweist sich der Märchenprinz doch als glitschiger Frosch? Oder haben wir hier eine generelle Tendenz einer möglicherweise melancholischen Persönlichkeit.

Man kann diese Legung allerdings auch von vorneherein so variieren, daß man die Personenkarte aus dem Stoß nimmt und dann noch 20 weitere Karten verdeckt zieht, diese dann nochmal mit der Personenkarte mischt und alles auslegt, das kann schon konkret weiterhelfen und erleichtert eine erste Einschätzung.

Die Deutung dieser Legung bietet einen riesigen Spielraum. Man kann nicht nur jeder Reihe alleine deuten, sondern auch – mit ein wenig Übung – daraus erkennen, welche Ereignisse der Vergangenheit die Gegenwart und Zukunft beeinflussen, welche Bewegungen der Gegenwart die Zukunft so oder so verändern. Denkbar wäre z.B. erst diese Legung zu machen und dann nochmal mit der Frage auszulegen: „Wie kann ich mit neuen Verhaltensmustern oder einigen veränderten Entscheidungen auf die Zukunft wirken?"

Abschluss

Damit ende ich meinen Überblick über einfache Legemethode, die Bedeutung der Skatkarten und ihrer wichtigsten Kombinationen. Natürlich kann man jedes Wissen vertiefen, was mir aber wichtig war, war Ihnen ein Nachschlage- bzw. Lehrwerk in die Hand zu geben, was Sie nicht gleich mit zu vielen Details erdrückt, aber dennoch umfassend genug ist, um Ihnen das zu ermöglichen, warum Sie dieses Buch gekauft haben: Zukunftsdeutung mit Skatkarten zu erlernen.

Ich hoffe sehr, daß Sie Freude daran hatten und haben. Für Ihre eigene Zukunft von Herzen ganz viel Liebes.

Ihre Hildegard Khelfa